12 Pièces Diverses.

Volume de 943 pages.

1827 _____ 1836.

Table.

QUELQUES MOTS

SUR

L'ORDRE SOCIAL.

C'est dans l'injustice qu'il faut chercher la cause des vices de l'ordre social actuel. Je crois ton sexe entièrement sacrifié au nôtre, ma bien bonne amie ; et c'est en sa faveur que je lance cet opuscule. Reçois-en l'hommage.

Toi, dont les pensées devancent presque toutes les miennes, qui me devines si bien, tu me comprendras. Destinée à me survivre, à élever nos enfans et les leurs, tu profiteras de mes recherches ; et cette brochure, que l'oubli peut-être attend, produira du moins par toi quelque bien.

Ton meilleur Ami.

Desroches.

Rodez, le 20 septembre 1827.

Préface.

REMONTER aux causes premières et redescendre aux derniers effets, est au-dessus de notre faible intelligence : il semble que nous ne puissions prendre des choses que la fleur. Aussi vouloir tout expliquer, tout dire, est-ce une présomption au moins ridicule ; contentons-nous donc de faire penser. Les livres en seront moins volumineux ; nous épargnerons au lecteur de l'argent, du temps et de l'ennui ; et nous y gagnerons que les idées qu'on lui aura suggérées, devenant *siennes* par le travail, si elles sont susceptibles de quelque application, celle-ci s'ensuivra, non-seulement sans effort, mais d'autant mieux et plus vîte que, par plus de méditation, elles sembleront lui appartenir davantage. N'exécutons-nous pas bien mieux nos propres conceptions que celles d'autrui ? D'ailleurs, si tout le monde n'écrit pas, tout le monde pense ; et tel ambitieux écrivain n'est souvent que le froid expéditionnaire des pensées de son lecteur. Laissons donc à ce dernier quelque chose à faire, ne fût-ce que par modestie.

C'est d'après cette manière de voir que j'ai écrit cette petite brochure. Je risque d'être obscur et peu précis ; mais, puisque la médiocrité est notre partage, ne vaut-il pas encore mieux tomber dans ces défauts que de grossir ses écrits d'amplifications de rhétorique, espèces de hors-d'œuvre, qu'un homme de sens, un auteur consciencieux doit éviter ?

J'ai voulu provoquer une controverse paisible sur quelques institutions sociales indispensables à notre bonheur ; engager, en les présentant sous une forme peut-être originale, à les étudier de nouveau, afin d'arriver à des modifications que je crois nécessaires ; en un mot, j'ai voulu être utile, non faire un livre. Ai-je réussi ? c'est ce qu'une critique judicieuse nous apprendra.

J'ai voulu provoquer une controverse paisible sur quelques institutions sociales indispensables à notre bonheur ; engager, en les présentant sous une forme peut-être originale, à les étudier de nouveau, afin d'arriver à des modifi-

QUELQUES MOTS

SUR

L'ORDRE SOCIAL.

Améliorons, ne détruisons pas.

Il faut prendre les choses où elles en sont, les observer d'abord long-temps, et tâcher ensuite d'en tirer le plus grand parti possible.

Le luxe existe, se répand et s'accroît : est-il véritablement incompatible avec l'amélioration des mœurs ?

Sans examiner si le luxe est une chose absolue ou seulement relative à la situation sociale de chacun, on peut le définir tout ce qui n'est pas indispensable, mais qui ajoute aux agrémens de l'existence ; ainsi il doit y en avoir de bien des genres.

Le luxe des beaux-arts, destiné, dans nos délassemens, à s'emparer de nos loisirs, s'il ne réveille en nous que des idées saines, est utile et non dangereux.

Celui des habitations, consistant en un grand nombre de pièces décorées avec goût, et disposées pour la facilité, la célérité du service, l'utilité et l'agrément du propriétaire, annonce de l'esprit d'ordre, de distribution ; le goût de la propreté, de l'élégance, et des habitudes casanières favorables à la stabilité des choses ; en un mot, le progrès de la civilisation. Les gouvernemens doivent encourager ce genre de luxe qui, attachant singulièrement les hommes à ce qu'ils possèdent, présente de si fortes garanties.

Le luxe des ameublemens, celui de la parure, qui ont leur source dans une sorte de sensualité, le désir de briller et de plaire, ou l'orgueilleuse envie d'effacer autrui, ne peuvent être dangereux que par la puérilité de la dernière cause qui porte à les étaler.

Celui de la table, s'il est outré, ne paraissant faire de nous que des estomacs ambulans, prodiguant inutilement à un seul la subsistance de plusieurs, contraire alors à l'économie, au libre exercice de nos facultés physiques et intellectuelles, est nuisible et condamnable, non en lui-même, mais par abus.

Quant au luxe de la domesticité, poussé à l'excès, il démoralise en maintenant dans une entière oisiveté un grand nombre de gens qui, sans instruction, sans état, ne s'occupent souvent qu'à mal faire, calomnier, médire, tromper leurs maîtres. Que n'a-t-on pas à craindre de ces esclaves gagés ? S'ils se trouvent sans place, repoussés par une population laborieuse, ils seront forcés d'aller grossir encore cette classe de filous et d'espions, dont les derniers, surtout, font bien plus de mal à la société qu'ils ne rendent de services à l'Etat qui les paye. Mais, sortie de l'esclavage, érigée en état, la domesticité n'est plus à craindre.

En poursuivant l'examen des différens genres de luxe, on verrait qu'en général ils sont moins dangereux en eux-mêmes que par l'abus qu'on en fait, la nature des motifs qui porte à y recourir, et celle des moyens employés pour s'en procurer les jouissances.

Chez les peuples ignorans, le luxe importé par la conquête peut être dangereux, parce que ces peuples grossiers, ne sachant en jouir, en abusent; mais chez ceux qui, par un commencement d'éducation, en usent avec réserve, répandant le goût des sciences et des arts, créant de nouveaux besoins, il rapproche les hommes et les civilise.

Ceci expliquerait peut-être assez bien comment le luxe

asiatique causa la décadence de l'Empire romain, et pour-
quoi l'on doit, peut-être, à celui qui nous arriva plus tard
par les croisades, la civilisation actuelle. La rapine et le
besoin poussaient les premiers; Dieu et les dames gui-
daient les autres.

Lorsqu'il n'est pas importé, le luxe ne semble être dû
qu'à l'instruction perfectionnée, plus répandue, à un raffi-
nement de besoins nés de sens plus exercés et d'une éducation plus soignée; en conséquence, il doit s'accroître avec
la civilisation, par l'industrie, source de toute prospérité.

Si l'on considère maintenant que le luxe occupe à lui
seul plus de bras que les plus urgentes nécessités de la vie,
on concevra la difficulté de le détruire et de s'opposer
même à ses progrès. Une inquisition industrielle, contraire à nos usages, à nos mœurs et à nos lois, n'en vien-
drait pas à bout sans danger. Répandu dans toutes les
classes de la société, le luxe est-il facile à atteindre maintenant? et, devenu de nos jours un véritable besoin, sa
disette serait-elle bien moins à redouter que celle des
premières nécessités de la vie?

S'il est un mal, ne pouvant nous en défaire que par
une secousse violente, entraînant peut-être notre ruine,
il faut vivre en bonne intelligence avec lui, et tâcher
de rendre ce mal le moins grand possible.

Mais rien n'établit qu'il soit un mal réel; quelle chose
si bonne en soi est sans inconvénient? Les vertus mêmes,
poussées à l'excès, sont dangereuses; faut-il les proscrire?
et pour nuire par le triste usage qu'on en fait, une
chose est-elle mauvaise? Non, sans doute. Or le luxe,
ce grâcieux enfant des sens et de l'industrie, qui ne grandit que dans le calme d'une paix profonde, et procure
à toutes les classes de la société les douceurs de la vie
et d'agréables délassemens après de longs travaux; qui
donne la subsistance à tant de familles, s'empare utile-

ment de tous nos loisirs et par les besoins qu'il crée nous attache si fortement les uns aux autres et, par suite, à l'ordre social, ne saurait être un mal en lui-même. Ne corrompant que par l'usage immodéré qu'on en fait, ou les désirs trop ardens qu'il excite, il ne s'agit que de nous éclairer; une instruction élevée au niveau des besoins actuels évitera tous les désordres qu'il peut traîner à sa suite.

En effet, l'instruction arrachant l'homme à l'oisiveté, source de tous les vices; l'éclairant sur la nature et l'importance de ses devoirs; lui faisant trouver du plaisir dans leur accomplissement; le mettant à même d'exercer son état avec distinction, partant de s'y complaire; le renfermant, par l'intérêt personnel, dans la sphère de ses talens; lui apprenant que le bonheur est de toutes les conditions, que l'abus des meilleures choses produit la satiété et le dégoût, et que le luxe, employé seulement par ostentation, rend méprisable ou au moins ridicule; l'intruction, dis-je, bien plus sûrement que tous les impôts, que toutes les mesures qu'on pourrait imaginer en pareil cas, saura nous préserver d'un engouement, dont les suites pourraient n'être pas sans quelque danger. C'est le défaut d'harmonie entre l'instruction et le luxe qui semble causer la démoralisation des peuples. Ne laissons donc jamais avancer l'un sans pousser l'autre; et nous arriverons peut-être un jour à trouver que les véritables distinctions sont dans le savoir, l'élégante simplicité de nos appartemens, de nos mises et de nos manières; les plus douces jouissances dans l'usage modéré de tous les biens réels dispensés par la nature ou élaborés par l'art; et le bonheur, enfin, dans une honnête aisance.

Mais dans l'état actuel des choses, si l'on se contentait du stricte nécessaire; en ce moment, où, par tous les perfectionnemens introduits dans les arts, ce nécessaire est en quelque sorte pour rien, ce qui autoriserait le peuple à rester oisif la plus grande partie du jour, où en serions-nous ? Heureusement qu'il grandit avec l'époque, que ses goûts s'épurent, que ses manières deviennent aisées, que son éducation se fait par l'appât sans cesse offert à ses désirs, par le luxe dont il commence à apprécier les jouissances ; ce qui l'oblige à travailler sans relâche pour les obtenir.

Puisque le luxe semble être le hochet de l'espèce humaine, un législateur sage doit s'en saisir, et le lui présenter sous les formes les plus attrayantes, pour la conduire au bonheur en l'arrachant à l'oisiveté.

Mais, en est-il seulement le hochet ? En remontant l'échelle des êtres, ne s'aperçoit-on pas que celui qui a le plus de sens et de nuances dans chacun, a plus d'idées, et est, en conséquence, plus près de la perfection ? Le luxe, en exerçant les sens, les rendant plus fins, plus délicats ; liant plus intimement les hommes entr'eux par les besoins qu'il crée, développe leurs facultés intellectuelles, les civilise, et loin d'être incompatible avec l'amélioration des mœurs, semble, au contraire, préparer merveilleusement à recevoir une instruction plus solide, dont cette amélioration sera le résultat heureux.

En deux mots, le luxe aveugle est souvent à craindre ; mais éclairé, il devient un stimulant aujourd'hui nécessaire, et un lien de plus entre les peuples et le souverain auquel la paisible jouissance de si douce chose est due.

Puisque le luxe doit être étayé de l'instruction, répandons-la avec abondance ; et pour le faire le plus rapidement et le plus utilement possible, observons la nature, aidons-la, ne la contrarions jamais.

La lassitude d'un organe vient de l'exercice trop prolongé de cet organe, et l'attention long-temps soutenue produit le dégoût et l'ennui. Varier ses occupations, faire succéder tour à tour le travail du corps à celui de l'esprit, et dans ce dernier changer de genre, lorsque le travail devient pénible et que le dégoût commence : voilà le secret de faire bien et sans ennui beaucoup de choses en fort peu de temps. Nous ne sommes pas faits pour le repos ; les jachères sont encore moins naturelles à l'homme qu'à la terre, et dans l'état de veille nous pouvons agir utilement sans cesse, puisque sans cesse nous sommes en mouvement. Comment cet enfant, dont la prodigieuse activité semble dévorer l'existence, échappe-t-il à la fatigue, à l'ennui ? c'est en se procurant des plaisirs nouveaux par des occupations sans cesse variées. De celles même qui paraissent les plus frivoles il retire l'inappréciable avantage d'exercer ses sens, ses membres délicats et son jeune entendement. S'il est curieux et questionneur, il peut devenir observateur et savant. La curiosité, ce précieux germe des grands talens qu'il pourra développer un jour, n'est encore peut-être en lui que de l'instinct. Mais ce bon sens naturel, essentiellement conservateur, si précieux dans le danger, lorsqu'il faut prendre une résolution soudaine, n'est-il pas alors bien préférable à cette froide et lente raison qui, ne pouvant nous avertir instantanément, nous laisserait périr ? De ce qu'il est le partage de tous les animaux, est-il à dédaigner ? Et parce que ce jugement instantané, qui semble émané de Dieu même, s'obtient sans travail d'esprit et longueur de temps, en est-il moins précieux ? Enfin certaines vérités échappées par intervalle aux poëtes, dont la science n'a pu vérifier l'étonnante justesse qu'après des siècles de travail, est-ce autre chose que de l'instinct ?

Ce n'est que par une suite de raisonnemens s'enchaînant les uns aux autres, que le jugement se traîne avec la plus extrême lenteur vers la conséquence éloignée découlant d'une hypothèse ou d'un fait ; l'esprit franchit plus rapidement que le seul bon sens l'espace qui les sépare , et le fait en sauts d'autant plus grands et plus prompts qu'il est lui-même plus pénétrant et plus vif ; tandis que l'instinct tombe comme la foudre sur cette conséquence éloignée : il serait donc préférable à la raison même , s'il pouvait exister pour toutes les choses de l'ordre social ; mais cet ordre étant plus ou moins contre nature , l'instinct en ce genre ne peut être que factice , et l'on aurait grand tort de s'y abandonner.

Les impressions instinctives ne nous tromperaient jamais, celles mêmes que nous font nos semblables ; mais notre faux intérêt social , celui du moment , la situation d'esprit et de corps plus ou moins favorable dans laquelle nous sommes les uns par rapport aux autres , modifient , dénaturent tellement ces impressions , qu'on nous voit haïr long-temps ceux pour qui nous sommes faits , et nous attacher sottement à des êtres méprisables qui ne nous payent que d'ingratitude. Devons-nous en accuser l'instinct ? non , sans doute ; il faut s'en prendre à notre éducation vicieuse , toujours en opposition avec l'ordre naturel établi. Obéir à l'instinct , n'est-ce pas obéir à ce guide intérieur placé par Dieu même dans tous les êtres animés pour les conduire aux fins que son impénétrable sagesse s'est proposées ? N'y résistons donc pas ; mais gardons-nous bien de nous méprendre : tout en lui se fait sans efforts ; et ces désirs désordonnés , fruits d'une imagination en délire ou d'habitudes vicieuses , ne sont pas de l'instinct.

Certains écrits n'ont fait tant de mal que parce qu'on y prend à chaque page les passions pour de l'instinct , ou que , méprisant trop souverainement cet instinct , partage de vils animaux , on suit pour guide une sorte de raison qui , n'étant que le jugement appliqué à l'ordre de choses qu'on s'est créé , ordre plus ou moins contraire à ce qui devrait être , nous trompe et nous égare. La raison humaine sans l'instinct nous écarterait trop de la nature, et l'instinct sans cette raison détruirait l'état de société indispensable à notre espèce assiégée de tant de besoins réels. Il faut donc les faire marcher de front ; alors il sera possible d'arriver à un ordre social, non pas exempt d'imperfection , puisque rien de tel ne peut sortir de la main des hommes , mais supportable , et de plus en plus susceptible d'amélioration.

Si nos institutions sont en opposition directe avec celles de la nature, nous sollicitant dans un sens, l'instinct en sens contraire, ne doivent-elles pas finir par succomber à l'action de ces chocs plus ou moins violens? Voilà probablement la véritable cause première de la décadence des empires, décadence inévitable, peut-être, mais qu'il est possible de reculer, en mettant notre ordre social plus en harmonie avec l'ordre naturel établi.

Or, pour atteindre ce but, il faut étudier la nature, et lui comparer l'état actuel des choses. Jetons donc un coup-d'œil rapide sur cet état présent.

On remarque qu'il n'y a plus de grands enfans comme jadis, que la jeunesse est plus précoce : quelle qu'en soit la cause, il devient maintenant plus nécessaire que jamais de mettre cette jeunesse en état de s'établir plutôt, en abrégeant le temps consacré aux études par des améliorations dans l'instruction.

Et d'abord, on doit faire un choix éclairé de ce qui est devenu aujourd'hui nécessaire, puis donner ce nécessaire par les méthodes les plus expéditives, c'est-à-dire par l'observation et le raisonnement; attendu que la mémoire seule ne conserverait guère de simples recettes , et qu'on ne saurait d'ailleurs comment les appliquer, si l'on ignorait la méthode d'invention qui met à même de lever toutes les difficultés.

La nécessité d'étendre les études et d'en abréger la

durée, oblige à les commencer de bonne heure ; mais pour réussir complétement, il ne faut pas contrarier le naturel. Au lieu d'astreindre cet enfant trépignant à rester des heures entières assis, le nez cloué sur un livre, ce qui lui fait prendre l'étude en horreur, et le rend dissimulé et non maître de lui-même, faites de son instruction un jeu animé comme lui ; exercez ses petits membres par la gymnastique et la danse, son oreille et sa voix par la musique, ses yeux par le dessin ; fixez son attention par de petits calculs, attirez-la sur des objets qui l'intéressent ; cultivez sa mémoire en l'ornant d'historiettes instructives et amusantes ; répondez à toutes ses questions sans le tromper ; avouez-lui franchement votre ignorance ou l'impossibilité de vous faire comprendre, si cette ignorance vient de lui ; il travaillera pour-lors, car il est curieux ; occupez-le sans cesse ; ne craignez pas de le fatiguer, lui qui ne peut rester, de corps et d'esprit, un seul instant en repos ; mais variez ses études, afin d'éviter l'ennui : alors la leçon sera pour lui un plaisir, il la désirera comme d'autres soupirent après la récréation, et vous le puniriez même en l'en privant.

Mais quel autre qu'un père ou qu'une mère peut remplir dignement ces nobles fonctions si avilies de nos jours par un modique salaire ? Lorsqu'elle a de bonnes mœurs, du jugement, de l'instruction, qu'une mère est bien préférable ! Tout dans son enfant est en rapport avec elle : ils s'entendent l'un l'autre sans se parler, sans se voir ; elle devine ses besoins, ses goûts, ses impatiences ; supporte celles-ci avec douceur, sait les calmer à temps par une caresse, un simple sourire ; le conduit à tout, non par crainte, mais par amour. Comment ce petit être deviendrait-il méchant ? comment ne s'instruirait-il pas avec des soins qui rendent l'étude si attrayante ?

Les premières impressions sont les plus durables ; aussi

avec quelle ardeur continuera-t-il, sous des maîtres habiles, ses études commencées, parmi les jeux et les ris, sur le sein maternel. Ce qui a nui singulièrement à nos progrès, c'est qu'instruits dès notre enfance par des maîtres sévères, et ne se les rappelant que pour les maudire, long-temps on maudit avec eux les sciences qu'ils n'ont pas su nous faire aimer.

C'est dans les causeries de la mère avec son enfant que ce dernier apprend à s'exprimer correctement et avec grâce, à bien observer, à raisonner juste, et qu'il peut acquérir le goût et les premières notions des sciences et des arts. Or, pour qu'il ne reçoive aucune idée fausse, si difficile à rectifier ensuite, il est nécessaire que la mère ait elle-même un jugement sain, et possède à fond ces notions premières. Est-ce en général ce que l'on voit de nos jours? Et à qui la faute ?

Qu'une femme jeune et jolie ait un peu de babil, on la voit sans cesse entourée d'un essaim d'adorateurs qui passent condamnation sur tout ce qu'elle débite. Jamais elle n'a tort ; on se garderait bien de la contrarier en la moindre chose ; ou si on le fait, c'est pure agacerie, et pour lui procurer le perfide plaisir de nous ramener à son opinion. Se croyant habile, elle tranche sur tout ; et c'est après l'avoir laissée convaincue de son infaillibilité, qu'on ose lui faire un crime des fautes qu'elle commet et sur lesquelles on ne l'a pas éclairée ! Quelle injustice ! En vérité, il est surprenant que les femmes se conduisent si bien.

La déférence s'est probablement introduite dans le monde par la pusillanimité, la faiblesse, l'intrigue, l'intérêt du moment, pour consoler la sottise, souvent présomptueuse et quelquefois toute puissante de son ignorance absolue ; c'est ce qu'on appelle de l'urbanité. Mais la politesse exige-t-elle qu'on se rende toujours à l'avis de ses semblables ? S'il est certain qu'on ne se voit pas pour le malin plaisir de se contrarier, écartez toute controverse ; car, sur le terrain de la discussion, les individus disparaissent, leurs pensées seules restent et sont prisées ce qu'elles valent. Du moment qu'on s'y place, on devient l'égal de son adversaire ; et dès-lors plus de distinction, de coupables condescendances. Si nous étions pénétrés de l'importance de cette conduite, nous parlerions toujours avec la plus grande franchise ; l'oreille du puissant finirait par ne plus être si châtouilleuse, le faible pourrait avoir impunément raison : nous y gagnerions tous. Mais en continuant à traiter les grands comme de jolies femmes, nous les gâtons les uns et les autres ; et s'ils ne nous demandent pas sur-le-champ compte du tort qu'ils reçoivent de nos égards inconsidérés, plus tard ils nous le font payer fort cher, et c'est ce que mérite notre lâche complaisance. Soyons donc toujours francs pour n'avoir jamais rien à nous reprocher.

Mais connaissons-nous bien l'importance de nos devoirs, nous dont l'instruction toute mnémonique, amas d'incohérentes recettes que nous ne savons guère approprier à nos besoins, ignorant leur source et le but où elles tendent, est si peu substantielle ? Si le jugement était mieux exercé dès l'enfance, notre acquis dans l'âge mûr serait plus solide ; nous ne discuterions presque plus alors, précisément parce que nous aurions raisonné plutôt ; faisant peu de contre-sens en logique, nous n'en ferions presque pas en morale ; toutes les belles maximes nous seraient familières : persuadés que toutes nos actions, bonnes et mauvaises, retombent inévitablement sur nous-mêmes, nous serions sans cesse portés au bien, et préservés de faire et même de penser le mal ; et n'oubliant jamais que *Dieu seul est infaillible*, l'esprit serait naturellement disposé à l'indulgence, en écartant toute présomption.

Apprendre à raisonner, n'est-ce pas véritablement apprendre à être meilleur? Et parce qu'on ne saurait commencer trop tôt cette étude, que les femmes sont, par destination, chargées de notre éducation première, c'est par elles qu'il faudrait commencer.

Malheureusement leur instruction toute d'apparat, consistant à effleurer beaucoup d'objets sans en bien posséder aucun, ne fait d'elles que de demi-savantes fort embarrassées de tant de connaissances imparfaites et souvent superflues. Aurait-on oublié que la demi-science est plus nuisible que l'ignorance même? L'ignorant n'est-il pas sans influence dans le monde, tandis que le demi-savant impose quelquefois par sa loquace érudition? Croyant qu'il a lu avec fruit, que sa science n'est pas toute de mémoire, on prend et il prend aisément lui-même pour des vérités les sophismes qu'il enfante. Joignez à cela de la grâce, de la beauté; prêtez-lui le charme d'une élocution facile, très-souvent fleurie, et cet attrait irrésistible qui porte un sexe vers l'autre; si vous pouviez oublier jamais que toute vérité émanant d'une source sacrée est éternelle comme son auteur, peut-être seriez-vous surpris que quelques saines doctrines subsistassent encore.

Cette influence que les femmes exercent avec tant d'empire à l'âge où les passions font chez nous de si grands ravages, ne commence-t-elle pas avec le lait qu'elles nous donnent en naissant? Effacerez-vous ces premières impressions que la nature et la reconnaissance gravent si profondément dans nos cœurs? et pouvez-vous douter de leur effet sur nos destinées, quand il est certain que l'habitude est une seconde nature? Et lorsque vous entendez dire avec raison: *telle mère, tel fils*, pensez-vous que votre nom soit un jour illustré par vos enfans, vous dont la femme n'a que des frivolités dans la tête et des passions dévorantes dans le cœur? Enseignera-t-elle jamais que l'accomplissement d'un devoir est un plaisir, et que la négligence qu'on y apporte cause au moins des ennuis et des remords, celle qui ne connaît souvent aucun de ces devoirs sacrés, ou qui, faute de jugement, les dédaigne tous ? Sera-t-elle de bon conseil, pourra-t-elle administrer sa maison avec économie, diriger sa famille avec prudence, quand elle ne sait pas se conduire elle-même ? Les premières notions des sciences et des arts, le goût de l'étude, l'habitude du travail, le bon exemple enfin, les donnera-t-elle, elle qui sait fort peu de choses utiles, ou les sait mal, ce qui est pire encore, et qu'on voit sans cesse occupée de futilités ou de plaisirs bruyans que son imagination en délire prend pour le parfait bonheur ? Non, sans doute ; avec de pareilles femmes, il faut renoncer à former des hommes, et se résigner à n'avoir que des êtres faibles et, par suite, vicieux.

Heureusement que le nombre de ces dangereuses évaporées n'est pas aussi grand que le pourrait faire craindre le vice de l'instruction actuelle ; mais c'est à leurs principes religieux, à leur tact, à leur exquise sensibilité, à leur bon naturel enfin, que la plupart d'entr'elles doivent d'être préservées de cette sorte de folie.

Si nous ne pouvions réformer notre conduite insidieuse à leur égard, qui les préserverait de leur propre faiblesse, de ce désir si vif de briller et de plaire, inhérent à leur nature ? L'honneur, dira-t-on ; mais ne le voit-on pas tourné en ridicule dans le monde ? Leur avenir ; ne se taira-t-il pas devant le besoin, l'attrait du moment ? Leur intérêt bien entendu ; ont-elles le jugement assez exercé pour le bien comprendre ?..... Que nous sommes inconséquens ! Cette plus belle partie de l'espèce humaine, que nous entourons de tant de soins délicats, d'hommages, et à laquelle nous rendons un culte presque divin ; cette intéressante moitié de nous-mêmes, chargée spécialement de notre bonheur, qui, pour remplir dans toute leur étendue les devoirs sacrés que la nature et la société lui imposent, aurait besoin, non moins que nous, d'une instruction solide, appuyée sur des connaissances bien positives, acquises par l'observation et l'exercice du jugement, ne reçoit de nos jours que des notions fort incomplètes, livrées à l'exercice d'une mémoire plus ou moins infidèle... En vérité, il faut que la nature ait tout fait pour les femmes; car, je le répète, il est surprenant qu'elles se conduisent si bien.

Leurs fautes ne peuvent donc être attribuées qu'à nous seuls, et particulièrement à l'espèce d'enfance, l'injuste dépendance dans laquelle nous les tenons.

Cependant elles ont les mêmes droits à tous les biens de l'existence, et l'on ne voit pas que la nature ait plus fait pour un sexe que pour l'autre; tandis que, dans l'ordre social, fruit de nos mauvaises institutions, les femmes sont entièrement sacrifiées. Mais leur tact, leur esprit, leur adresse, dirai-je leur astuce, ont tellement triomphé de cette injustice, qu'à l'aide de nos passions elles dirigent le monde et nous gouvernent tout en ayant l'air de nous obéir. Cela seul prouverait leur étonnante supériorité, si les Catherine de Russie, les Elisabeth d'Angleterre et tant d'autres, n'établissaient pas suffisamment leur prodigieuse aptitude aux affaires publiques mêmes.

Puisque notre pouvoir n'est que de nom, que le leur est réellement de fait, qu'elles ont plus de sensibilité que nous, c'est-à-dire plus de tact, de finesse et d'esprit, ne nous privons pas bénévolement de leurs lumières; dispensons-les de recourir à la ruse, qui est un commencement de démoralisation; et au moyen d'une instruction convenable, mettons-les franchement en état de nous donner de bons conseils. Par la force, qui nous est échue, le pouvoir exécutif semble nous être départi; mais, si les idées n'arrivent que par les sens, plus ils sont exquis, plus l'entendement doit l'être; aussi pourrait-il bien se faire que les femmes fussent la tête d'un tout dont nous ne serions que le bras, ou, si l'on veut, le moteur, et nous la machine.

Cette conjecture, qui, au premier abord, pourrait révolter des esprits hautains, n'a cependant rien d'humiliant : que peut la tête sans le bras, le moteur sans la machine ? Également nécessaires, ils jouissent l'un et l'autre d'un mérite égal ; n'oublions pas la fable des *Membres et de l'Estomac*.

Il est tout naturel de penser que celui à qui la force est déniée peut et doit fournir son contingent d'une autre manière, en adresse, en conseil, par exemple. Ainsi, au lieu de réduire le sexe en servitude, de le compter fort impolitiquement pour rien, profitons de ses avis, émancipons-le, rapportons l'inconcevable loi salique ; la légitimité y gagnera, et tout sans doute n'en ira que mieux.

Mais il faudrait être juste pour en agir ainsi ; et nous avons sur la justice des idées aussi étranges que sur tout le reste.

Dans les siècles d'ignorance, la force était le droit ; mais la religion, en éclairant les hommes sur leurs véritables intérêts, les rassemblant, les civilisant, leur apprit à distinguer l'une de l'autre ; le droit devint le compagnon de la force, puis le guide : quand pourra-t-il s'en passer ?

Nous avons bien certainement le droit d'exclure de la société celui qui n'en veut pas supporter les charges , et de tuer même dans le cas d'une légitime défense. Mais ce droit n'établit pas en général celui de mort. Le prévenu gardé à vue sur le banc des accusés nous met-il dans le cas d'une prompte défense, qui seule peut excuser ce que le meurtre a d'odieux ? Son retour à la vertu est-il impossible ? Dieu ne désespère jamais de l'espèce humaine, et nous, nous osons infliger de sang froid l'exposition, la marque, la mort !..... Peut-il exister des monstres dans la nature? et l'homme le plus féroce est-il autre chose qu'un insensé, qu'un ignorant, qui n'a pas vu clairement que toutes ses actions retombent sur lui-même? On devrait donc se contenter de le mettre dans l'impossibilité de nuire, et, par charité, le plaindre et l'éclairer. Si l'on parvenait à donner une bonne direction à son excès d'énergie, ce malheureux deviendrait peut-être un grand homme. D'ailleurs, en le flétrissant à jamais, l'assassinant juridiquement, ne se prive-t-on pas, d'une manière atroce, des services qu'il pourrait rendre encore à la société?

L'esprit de justice nous manque souvent au point d'exiger dans les autres la perfection qui nous est déniée. Cela vient d'un manque de justesse d'esprit, justesse qui ne peut véritablement bien s'acquérir que par l'étude des sciences exactes et par l'observation des phénomènes de la nature.

Or, manquant de temps pour faire cette étude en détail, on doit se contenter d'en bien saisir les masses principales et le rapport qu'elles ont entr'elles; ce qui conduit à savoir de tout un peu, mais bien ce peu devenu nécessaire.

Evitons surtout la spécialité; elle retrécit l'esprit et le fausse : celui qui n'est que législateur, par exemple, ne voit dans la religion qu'un frein et un appât; le sage véritablement instruit y trouve encore le besoin du cœur, le reconfortant de l'âme, la base de la morale publique et privée. La spécialité, nous faisant perdre de vue l'ensemble des objets et leurs rapports, doit nécessairement nous égarer. Prenant une marche contraire à celle que la nature nous trace pour arriver à la connaissance de ses lois, le savant, presque toujours minutieux, se noye dans des détails puérils dont il croit l'étude approfondie nécessaire; c'est un censeur morose qui étudierait avec une loupe les belles fresques de Michel-Ange, au lieu de se placer au point de vue pour en bien saisir l'admirable ensemble. Obligé, par l'imperfection de ses organes, d'isoler les objets; ce qui les déplace et les offre sous un jour faux, l'utilité de la plupart d'entr'eux lui échappe; et choqué par des vices seulement apparens, il aperçoit partout du hasard, du bien, du mal et, par suite, des suprématies; comme si la perfection de la cause première pouvait jamais en admettre.

En effet, l'univers, ouvrage immense de cette sublime cause, est, par la perfection même de son auteur, édifié avec l'économie la plus stricte dans les moyens; donc tout y est nécessaire; donc les suprématies n'y existent pas; donc plus il nous sera possible d'en faire disparaître dans l'ordre social, plus nous l'améliorerons, puisque nous le rapprocherons davantage de l'ordre établi par Dieu même.

Il est temps, il est urgent de mettre nos institutions plus en harmonie avec celles de la nature; mais pour le faire sans tiraillemens, sans secousses, il faut avant tout réformer notre instruction et la répandre, afin que chacun, comprenant bien les améliorations devenues nécessaires, s'y prête de bonne grâce. Alors on reconnaîtra que toute révolution est une conséquence forcée de ce qui existait avant; et au lieu de se déchaîner tant contr'elle et ses prétendus auteurs, ce qui ne fait qu'aigrir les esprits et prolonger notre malaise, on cherchera à en éviter une nouvelle, en remontant froidement et sans prévention à la cause première, qu'on trouvera peut-être dans nos institutions, si opposées de tout temps à l'ordre naturel des choses, et si peu d'accord aujourd'hui même avec nos besoins actuels.

En résumé, tout mal, comme dit Montaigne, provient d'ignorance; la méthode d'enseignement est vicieuse et l'instruction insuffisante, surtout chez les femmes; une meilleure instruction nous permettant de rapprocher nos institutions de celles de la nature, d'en faire disparaître ce qu'elles ont de ridicule, d'injuste et d'odieux, leur présage une destinée de plus en plus prospère : il est donc indispensable de réformer d'abord en entier cette instruction beaucoup trop spéculative, et de la répandre successivement ensuite dans presque toutes les classes de la société; afin, comme on l'a vu, de parer aux inconvéniens du luxe, de détruire l'osiveté et de faire que chacun se plaise dans la sphère de ses talens : ce qui ne peut manquer d'améliorer l'espèce humaine, et, par suite, notre situation politique et sociale.

Améliorer l'instruction et la répandre, tels paraissent donc être les premiers besoins de l'ordre social actuel.

Rodez, de l'imprimerie de P.-B. CABRÈRE.

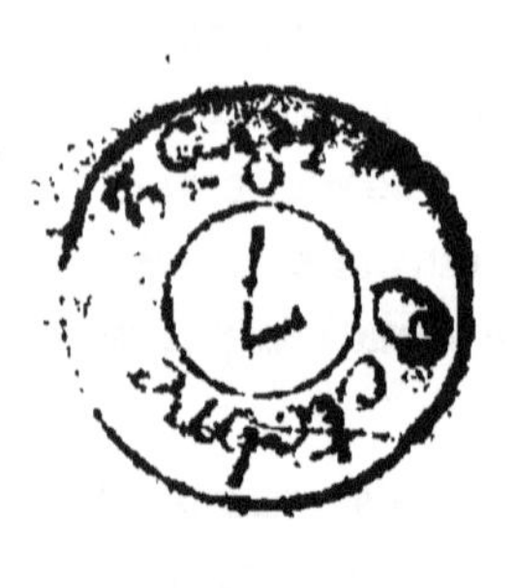